Les armures

Catriona Clarke

Maquette : Tom Lalonde

Illustrations : Terry McKenna

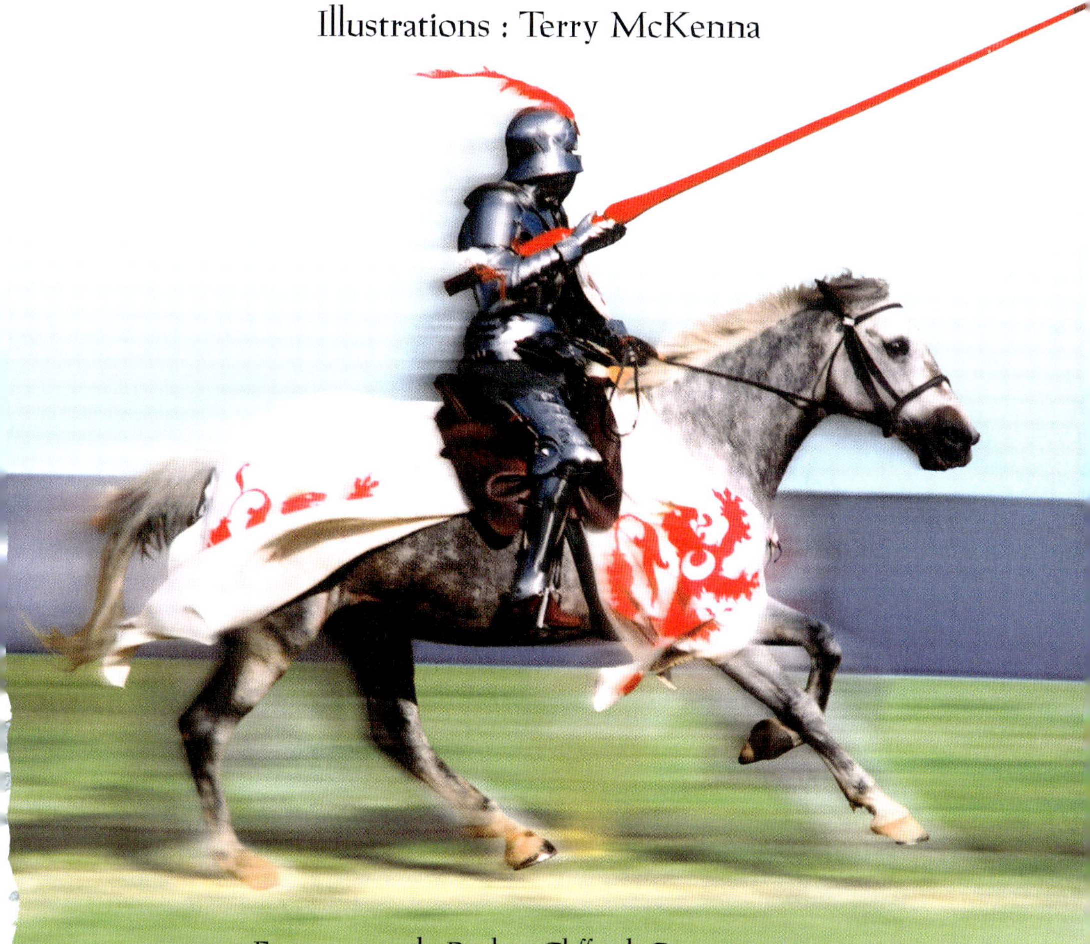

Expert-conseil : Bridget Clifford, Conservatrice,
Royal Armouries, HM Tower of London

Pour l'édition française : Traduction : Virginie Clauzel

Rédaction : Renée Chaspoul et Carla Brown

Sommaire

Qu'est-ce qu'une armure ?

Les soldats portaient une armure pour se protéger pendant les combats.

Voici une copie d'un heaume datant de plus de 1 000 ans.

Un heaume comme celui-ci protégeait la tête, le cou et le visage du soldat.

De solides protections

On associe souvent l'armure avec les chevaliers du Moyen Âge. En fait, ils n'étaient pas les seuls à porter des protections pendant le combat.

Dans l'Égypte ancienne, la plupart des soldats s'armaient d'un bouclier pour se protéger.

Dans la Grèce antique, les soldats portaient un heaume, et des plaques de métal sur le torse et les jambes.

Les soldats romains portaient une armure faite de nombreuses bandes de métal.

Le guerrier japonais représenté sur cette peinture ancienne porte une armure faite de cuir, de métal et de soie.

La cotte de mailles

Il y a 1 000 ans, les chevaliers portaient une armure faite de minuscules anneaux de métal, appelée la cotte de mailles.

L'artisan fabriquait des milliers d'anneaux constitués d'un métal très solide, le fer.

Il était facile de se battre avec une cotte de mailles.

Il liait ces anneaux les uns aux autres par rangée pour fabriquer une tunique de mailles.

Le chevalier enfilait la tunique et un bonnet de mailles. Il mettait aussi un heaume.

Cette tapisserie ancienne montre des chevaliers revêtus de cottes de mailles lors d'une bataille.

Des armes dangereuses

Même si la cotte de mailles était solide, elle ne protégeait pas le chevalier contre toutes les armes.

Les archers tiraient des flèches qui traversaient la cotte de mailles.

La massue était un bâton qui pouvait blesser les chevaliers sans abîmer la cotte.

Les soldats utilisaient une hallebarde pour faire tomber leurs ennemis de cheval.

Ces hommes sont habillés en chevalier. Ils portent une cotte de mailles et ont une longue arme appelée lance.

Des épées tranchantes

Les épées étaient en métal solide. Une bonne épée pouvait transpercer une cotte de mailles.

Cette peinture ancienne représente des chevaliers qui se battent à l'épée.

Lors des combats, le chevalier utilisait son épée pour frapper ses ennemis.

Avec la pointe, il transperçait l'ennemi en visant les espaces entre les mailles.

Au pire, il pouvait tenir son épée par la lame pour l'utiliser comme masse.

Une bonne épée pouvait briser un heaume en métal.

De plates

Un nouveau type d'armure remplaça la cotte de mailles pour mieux protéger les chevaliers. Elle s'appelait armure de plates.

Le heaume protégeait le visage et la tête.

La poitrine du chevalier était protégée par un plastron.

Les gantelets protégeaient les mains et les poignets.

Les genoux du chevalier étaient protégés par des genouillères.

Le chevalier portant une armure de plates était ainsi mieux protégé contre les massues et les flèches.

Les solerets, des chaussures en métal.

Des coiffes solides

Le heaume était un accessoire important dans l'armure, car il protégeait la tête.

Les meilleurs heaumes avaient un sommet arrondi. Ainsi, flèches et épées rebondissaient dessus.

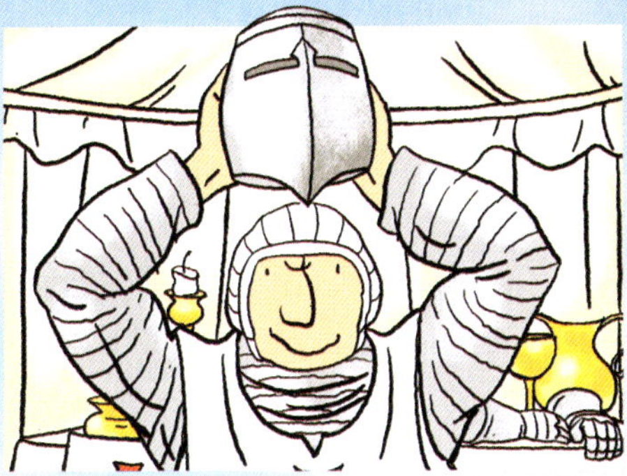

Le chevalier portait une coiffe matelassée sous son heaume pour être plus à l'aise.

Certains heaumes avaient une visière. En l'abaissant, le visage était protégé.

Beaucoup de visières avaient des trous pour que le chevalier puisse mieux respirer.

La visière protégeait le visage du chevalier, mais il voyait mal à travers les fentes des yeux !

La fabrication

Une armure de plates était très chère. Plusieurs personnes étaient nécessaires à sa fabrication.

1. Des feuilles de métal étaient martelées pour leur donner la forme de chaque partie.

2. Les pièces étaient polies sur une roue jusqu'à ce qu'elles soient étincelantes.

3. Puis un forgeron fabriquait charnières et rivets permettant d'assembler l'armure.

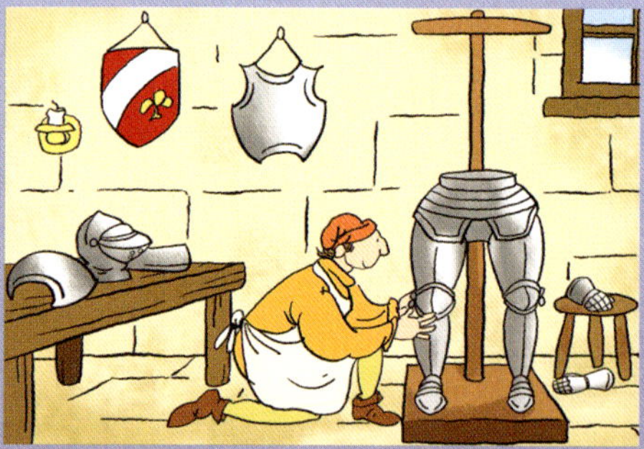

4. On assemblait enfin l'armure afin de vérifier que les pièces s'emboîtaient bien.

L'armure était testée à l'aide d'une arbalète et d'une flèche afin de s'assurer de sa solidité.

Le cheval était aussi protégé par une armure adaptée.

S'habiller

Chaque chevalier avait un jeune écuyer pour l'aider à se préparer au combat.

L'écuyer vérifiait que la monture du chevalier était prête.

Il aidait ensuite le chevalier à s'habiller et à enfiler son armure.

Il l'aidait aussi à monter à cheval, puis lui donnait ses armes.

Sur cette peinture ancienne, le chevalier fait ses adieux à sa famille avant de partir au combat.

Dans son armure, le chevalier pouvait avoir très chaud pendant le combat.

Le blason

Les chevaliers portaient un bouclier de bois, très pratique pour se protéger. Il leur permettait aussi de se reconnaître pendant le combat.

Avec leur heaume, les chevaliers avaient du mal à identifier leurs ennemis.

C'est pourquoi un motif appelé blason était peint sur leur bouclier.

Le cheval portait parfois le blason de son maître.

Certains blasons avaient un sens particulier. Sur ces boucliers, les lions représentent le courage.

De l'écuyer au chevalier

Devenir chevalier était très difficile. Il y avait beaucoup à apprendre et cela prenait du temps.

Les jeunes garçons apprenaient à se battre avec une épée en bois.

Plus tard, ils devenaient écuyers et travaillaient pour les chevaliers.

Un écuyer pouvait s'entraîner avec une vraie épée et armure.

Il apprenait à monter à cheval et à viser une cible avec une lance.

Les écuyers dansaient parfois en armure pour s'habituer à leur poids.

Lorsque l'écuyer avait l'âge requis, il devenait chevalier lors d'une cérémonie spéciale.

Sur cette peinture, un écuyer est fait chevalier par le roi.

Les joutes

Une joute était un combat qui opposait deux chevaliers. Chacun essayait de faire tomber l'autre de son cheval.

Pour une joute, on utilisait de lourdes armures très solides.

Le chevalier calait sa lance sur son bouclier conçu pour les joutes.

Certains chevaliers avaient un bouclier spécial qui explosait pour que la joute soit spectaculaire.

Il baissait la tête pour voir à travers la fente de sa visière...

... et relevait la tête au dernier moment pour se protéger les yeux.

La mode au combat

Certains chevaliers aimaient les armures très originales, avec beaucoup de décorations.

Une armure comme celle-ci ne se portait que lors des parades. Elle n'était pas assez solide pour le combat.

De magnifiques motifs pouvaient être ajoutés aux armures.

Parfois, l'armure ressemblait à de vrais vêtements.

Le chevalier faisait parfois peindre un blason sur l'armure.

Les heaumes aussi étaient décorés d'or et de plumes.

Certains heaumes avaient la forme de têtes d'animaux.

La fin d'une époque

Il y a environ 500 ans, de nouvelles armes ont été inventées : les armes à feu.

Les armures devaient être très épaisses et solides pour résister aux balles...

... mais il devint alors encore plus difficile de se déplacer et de se battre.

De nombreux chevaliers décidèrent donc de ne plus porter d'armure.

Cette œuvre a été peinte juste après l'invention des armes à feu, à la fin de l'époque des armures.

Vocabulaire des armures

Voici quelques-uns des mots utilisés dans ce livre, avec leur définition. Peut-être ne les connaissais-tu pas.

chevalier : soldat qui se déplaçait à cheval. Il portait une armure pour se protéger.

cotte de mailles : armure faite de milliers de petits anneaux métalliques.

armure de plates : armure constituée de plaques de métal.

gantelets : gants de métal permettant de protéger les mains du chevalier.

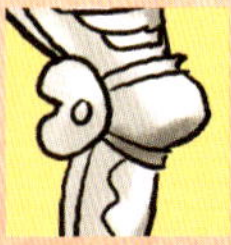

genouillères : parties arrondies de l'armure qui protégeaient les genoux du chevalier.

solerets : chaussures de métal portées par les chevaliers pour protéger leurs pieds.

blason : motif peint sur un bouclier. Chaque chevalier avait son propre blason.

Sites Web

Si tu as un ordinateur, tu peux chercher sur Internet d'autres informations sur les armures. Sur le site Quicklinks d'Usborne, tu peux déjà te connecter aux quatre sites suivants :

Site 1 - Tu peux voir ici des images de toutes sortes d'armures de différents pays.

Site 2 - Imprime et colorie des chevaliers en armure.

Site 3 - Réalise ta propre armure avec l'aide de tes parents.

Site 4 - Crée ton blason et traverse des labyrinthes pour devenir chevalier !

Pour accéder à ces sites, connecte-toi au site Web Quicklinks d'Usborne sur **www.usborne-quicklinks.com/fr**. Lis les conseils de sécurité et tape le titre du livre. Les sites Web sont examinés régulièrement et les liens donnés sur le site Quicklinks d'Usborne sont mis à jour. Les éditions Usborne déclinent toute responsabilité concernant la disponibilité ou le contenu de tout site autre que le leur. Nous recommandons d'encadrer les enfants lorsqu'ils utilisent Internet.

Index

Remerciements

Manipulation photo : Nick Wakeford et John Russell

Crédits photo

Les éditeurs remercient les personnes et organismes suivants pour l'autorisation de reproduire leurs documents : © **akg-images, Londre** 26 ; © **The Board of Trustees of the Armouries** 12-13, 17 ; © **The Bridgeman Art Library/Getty Images** 6-7 ; © **British Library** 19 (Harley MS 4431, f.135), 29 (Burney MS 169, f.21v) ; © **Clive Hawkins** 1, 24-25 ; © **CORBIS** 10 (The Archivo Iconografico, S.A.), 23 (The Art Archive), couverture (Darama), 21 (Gianni Dagli Orti), 14 (Nik Wheeler), 5 (Sakamoto Photo Research Laboratory) ; © **Photolibrary.com** 8-9 ; © **The Royal Armouries/HIP/TopFoto** 31 ; © **The Trustees of the British Museum** 2-3.